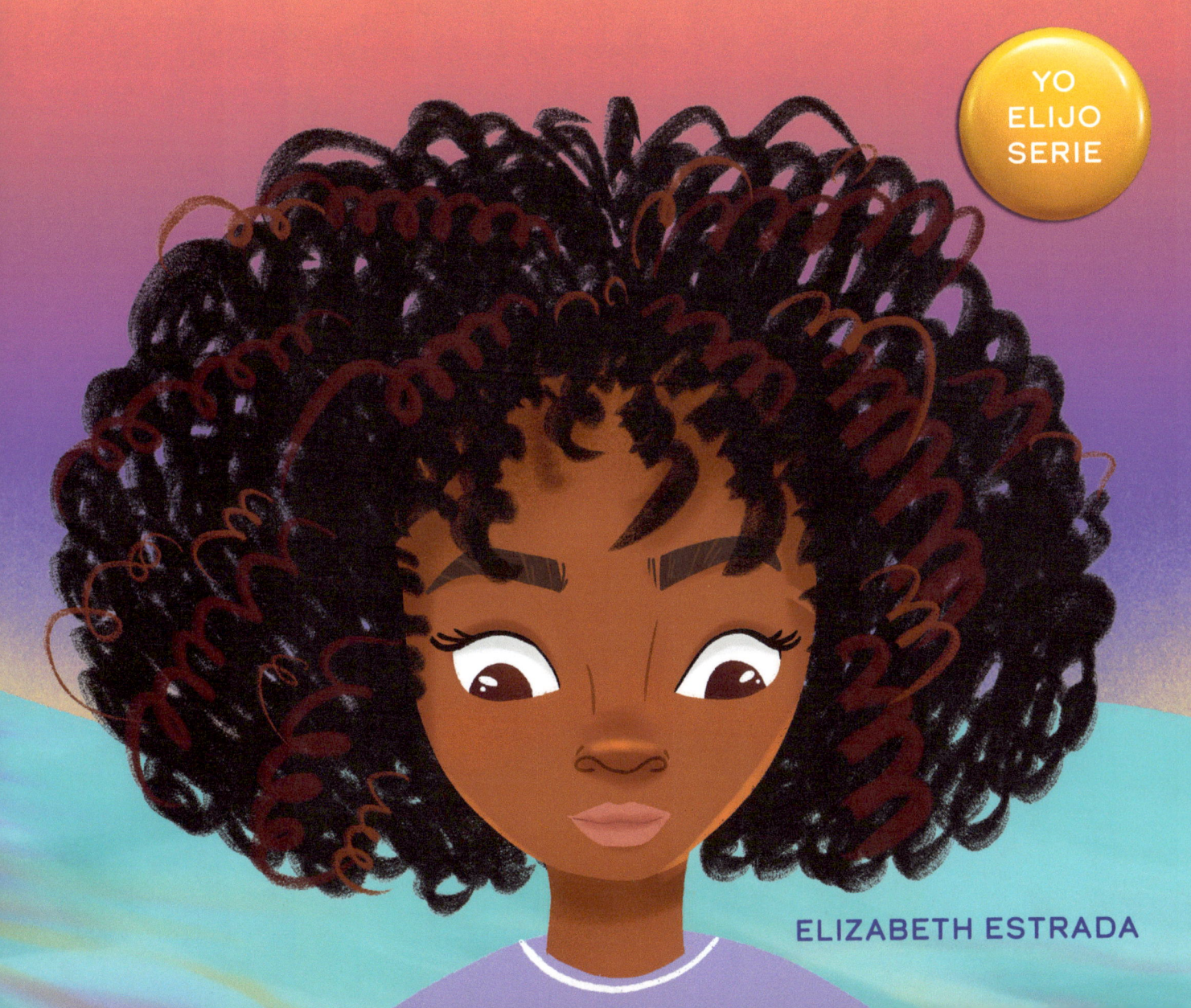

YO ELIJO
Volver a Intentarlo

YO ELIJO SERIE

ELIZABETH ESTRADA

Derechos de autor 2021 por Elizabeth Estrada - Todos los derechos reservados. Publicado e impreso en EE.UU.

Ninguna parte de esta publicación o de la información que contiene puede ser citada o reproducida en forma alguna mediante impresión, escaneado, fotocopia u otros medios sin permiso del titular de los derechos de autor.

YO ELIJO
Volver a Intentarlo

ELIZABETH ESTRADA

Tengo muchos intereses.
Me gusta el piano y el baloncesto.
Pero cuando las cosas se ponen muy difíciles,
O cuando me encuentro descompuesto.

No tengo ganas de volver a intentarlo.
Abandonar suele ser mi respuesta.
No vale la pena comprometerse
Porque todo lo que oigo es una risa modesta.

Un día mi mejor amiga, Whitney,
me dijo que quería decirme algo importante,
"Todo es difícil al principio,
pero hay caminos más fáciles por delante."

Cuando nos levantamos
Nuestro cerebro comenzamos a mover.
Cuando seguimos intentándolo
Los desafíos podemos resolver.

"No todo es fácil,
pero siempre hay que decir: '¡Yo puedo lograrlo!
Y si al principio no lo consigues
Asegúrate de volver a intentarlo."

"No importa lo que sea
Los deberes, las tareas o deportes que desempeñen,
Estudia duro y practica también,
y recuerda todo lo que te enseñen."

"La gente puede decir: 'No puedes hacerlo'.
Esperando que fracasemos,
Pero las palabras, "Yo Elijo Volver a Intentarlo"
nos ayudarán a recordar que sí podemos.

"A veces nos desafían
Cuando tenemos mala suerte
Podemos decir, "No me vencerás,
Porque yo soy súper fuerte."

"La gente puede intentar menospreciarte
Y decir: 'Eres sólo una niña pequeña.'
Pero sabemos que si nos esforzamos
Al mundo podemos cambiar."

"Nunca renunciaremos a nuestros sueños,
Si nos caemos, nos levantaremos.
Sólo hay que esforzarse más cada día,
Y eventualmente ganaremos."

"Intenta no decir "nunca".
Eso te lava el cerebro para fracasar.
Significa que no tendrás la oportunidad
De la victoria alcanzar."

"Si hay algo que quieres
Que simplemente no puedes lograr
¿Dejarás de intentarlo,
harás las maletas y te pondrás a llorar?"

"O seguirás esforzándote
Para conseguir eso que necesitas.
Di: 'Elijo intentarlo de nuevo'.
Sigue aspirando a hacer tus cosas favoritas."

"Ten confianza y esfuérzate al máximo
Porque tu vida está recién empezada
Hasta que no cruces la línea de meta
la carrera no está ganada."

Esta fue una lección importante
Para escuchar y entender.
Prometí volver a levantarme
y siemprelo voy a volver a intentar.

Hice una lista de todos los objetivos
que quería alcanzar.
Si hay alguno que me desafía
Me alistaré para poder empezar.

Si fracaso, lo volveré a intentar,
Porque esto apenas comienza.
Estudiaré o practicaré aún más.
Y ni siquiera necesito una recompensa.

Saqué mala calificación en la clase de inglés.
No quería reprobar.
Decidí estudiar más
Para asegurarme de que lo iba a aprobar.

Intenté jugar al baloncesto,
pero no entré en el equipo.
Eso sólo me hace entrenar más duro
En todo lo que participo.

Estoy tan decidida
Y nunca voy a olvidarlo.
No me detendré cuando las cosas se pongan difíciles.
Yo elijo volver a intentarlo.

Querido lector,

Gracias por leer mi libro. Espero que hayas disfrutado con "Yo Elijo Volver a Intentarlo". He pasado quince años recopilando recursos e ideas para ayudar a los niños pequeños a afrontar grandes emociones.

Así que, por favor, dime qué te ha gustado e incluso qué te ha disgustado. ¿Qué tipo de emoción debería aparecer en mi próximo libro?

Me encanta recibir mensajes de mis lectores. Escríbeme a Elizabethestradainfo@gmail.com

También te agradecería mucho que hicieras una reseña de mi libro. ¡Tus comentarios me importan mucho!

Con mucho cariño,
Elizabeth

www.ingramcontent.com/pod-product-compliance
Lightning Source LLC
Chambersburg PA
CBHW041713160426
43209CB00018B/1818